AF222060

Impressum
Verlag: BABADADA GmbH, Nedderfeld 112 , 22529 Hamburg
Geschäftsführer / Verlagsleitung: Harald Hof
Druck: Books on Demand GmbH, In de Tarpen 42, 22848 Norderstedt

Imprint
Publisher: BABADADA GmbH, Nedderfeld 112 , 22529 Hamburg, Germany
Managing Director / Publishing direction: Harald Hof
Print: Books on Demand GmbH, In de Tarpen 42, 22848 Norderstedt, Germany

škola

בית ספר

třída
כיתה
dělit
חילק
186/2
tabule
לוח
školní hřiště
učitel
מורה
papír
נייר
psát
כתב
pero
עט
psací stůl
שולחן עבודה
pravítko
סרגל
kniha
ספר
žák
תלמיד

aktovka

ילקוט

penál

קלמר

tužka

עיפרון

ořezávátko

מחדד

guma

גומי מחיקה

blok na kreslení

חוברת סרטוט

výkres

סרטוט

štětec

מברשת

malířské potřeby

קופסת צבעים

nůžky

מספריים

lepidlo

דבק

cvičebnice

ספר תרגול

domácí úkol

שיעור בית

počet

מספר

sčítat

חיבר

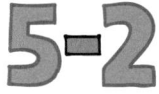

odčítat

חיסר

násobit

הכפיל

počítat

חישב

písmeno

אות

abeceda

אלפבית

slovo

מילה

text

טקסט

číst

קרא

křída

גיר

hodina

שיעור

třídní kniha

יומן נוכחות

zkouška

מבחן

vysvědčení

תעודה

školní uniforma

תלבושת בית ספר

vzdělání

חינוך

encyklopedie

אנציקלופדיה

univerzita

אוניברסיטה

mikroskop

מיקרוסקופ

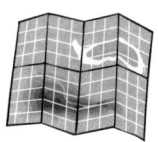

karta

מפה

odpadkový koš na papír

סל נייר

hotel
מלון
ubytovna
הוסטל
ROOMS
směnárna
המרת מטבע
kufr
מזוודה
auto
אוטו

jazyk

שפה

ano / ne

כן / לא

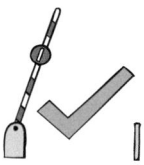

oukej

בסדר

Ahoj!

שלום

překladatel

מתרגם

děkuji

תודה

Kolik stojí...?

?.....כמה עולה

nerozumím

אני לא מבין

problém

בעיה

Dobrý večer!

ערב טוב!

Dobré ráno!

בוקר טוב!

Dobrou noc!

לילה טוב!

na shledanou

להתראות

směr

כיוון

zavazadlo

כבודה

taška

תיק

batoh

תרמיל גב

host

אורח

pokoj

חדר

spací pytel

שק שינה

stan

אוהל

turistické informace

מרכז מידע לתיירים

pláž

חוף ים

kreditní karta

כרטיס אשראי

snídaně

ארוחת בוקר

oběd

ארוחת צהריים

večeře

ארוחת ערב

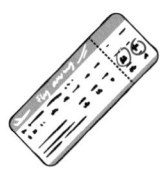

jízdenka

כרטיס

výtah

מעלית

poštovní známka

בול

hranice

גבול

clo

מכס

poselství

שגרירות

vízum

אשרה

pas

דרכון

transport
תחבורה

letadlo
מטוס
loď
אונייה
hasičský vůz
כבאית
autobus
אוטובוס
nákladní vůz
משאית
motorový člun
סירת מנוע
kolo
אופניים
auto
אוטו

přívoz

מעבורת

člun

סירה

motorka

אופנוע

policejní auto

ניידת משטרה

závodní auto

מכונית מרוץ

pronajaté auto

רכב שכור

sdílení aut

מכוניות בשיתוף

odtahová služba

אוטו גרר

popelářský vůz

משאית זבל

motor

מנוע

palivo

דלק

čerpací stanice

תחנת דלק

dopravní značka

תמרור

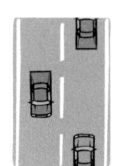

doprava

תנועה

dopravní zácpa

פקק תנועה

parkoviště

חניה

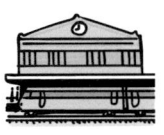

vlakové nádraží

תחנת רכבת

koleje

פסי רכבת

vlak

רכבת

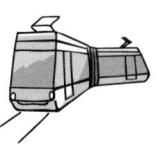

tramvaj

רכבת קלה

vagón

קרון

helikoptéra

מסוק

letiště

שדה-תעופה

věž

מגדל

pasažér

נוסע

kontejner

קונטיינר

kartón

קרטון

trakař

עגלה

koš

סל

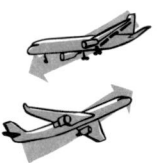

vzlétnout / přistát

המראה / נחיתה

město

עיר

vesnice

כפר

střed města

מרכז העיר

dům

בית

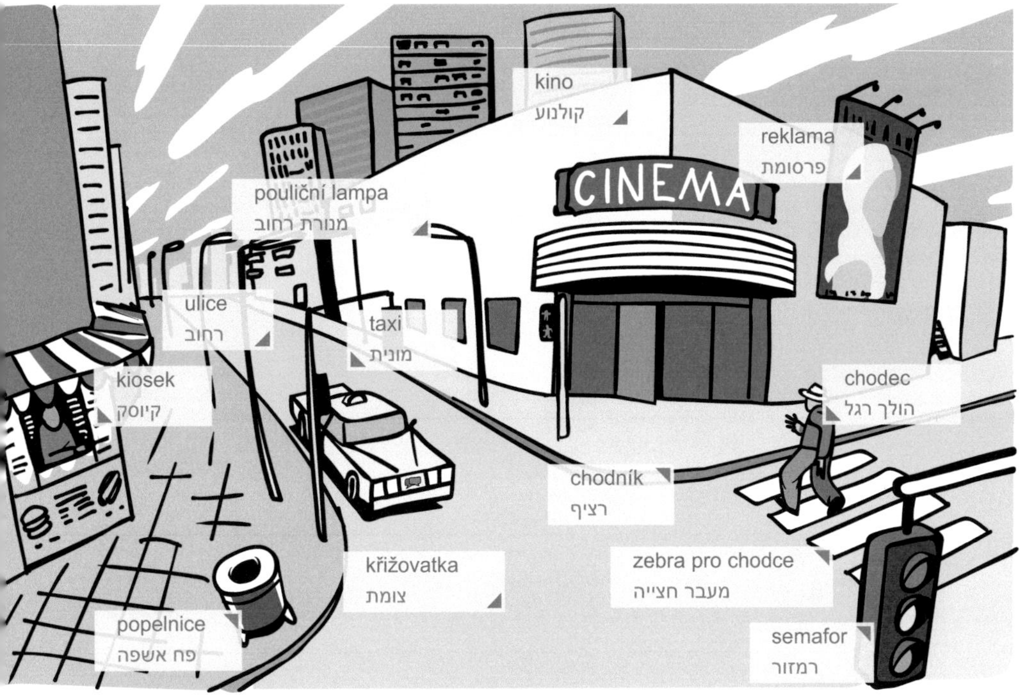

kino
קולנוע
reklama
פרסומת
CINEMA
pouliční lampa
מנורת רחוב
ulice
רחוב
taxi
מונית
kiosek
קיוסק
chodec
הולך רגל
chodník
רציף
křižovatka
צומת
zebra pro chodce
מעבר חצייה
popelnice
פח אשפה
semafor
רמזור

chata
בקתה

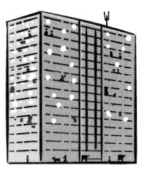

byt
דירה

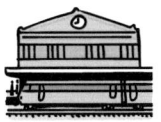

vlakové nádraží
תחנת רכבת

radnice
עירייה

muzeum
מוזיאון

škola
בית ספר

univerzita

אוניברסיטה

banka

בנק

nemocnice

בית חולים

hotel

מלון

lékárna

בית מרקחת

kancelář

משרד

knihkupectví

חנות ספרים

obchod

חנות

květinářství

חנות פרחים

supermarket

סופרמרקט

tržnice

שוק

obchodní dům

כל-בו

rybárna

מוכר דגים

nákupní centrum

קניון

přístav

נמל

park

פארק

lavička

ספסל

most

גשר

schody

מדרגות

metro

רכבת תחתית

tunel

מנהרה

autobusová zastávka

תחנת אוטובוס

bar

בר

restaurace

מסעדה

poštovní schránka

תא דואר

pouliční tabule

שלט רחוב

parkovací hodiny

מדחן

zoo

גן חיות

plovárna

בריכת שחיה

mešita

מסגד

usedlost

חווה

znečišťování životního prostředí

זיהום

hřbitov

בית עלמין

církev

כנסייה

hřiště

מגרש משחקים

chrám

בית מקדש

krajina
נוף

list
עלה

rozcestník
תמרור

cesta
דרך

louka
מרעה

kámen
אבן

turista
מטייל

strom
עץ

řeka
נהר

tráva
דשא

květina
פרח

údolí

בקעה

hora

הר

jezero

אגם

les

יער

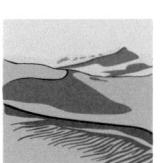

poušť

מדבר

sopka

הר געש

zámek

טירה

duha

קשת בענן

houba

פטריה

palma

דקל

komár

יתוש

moucha

זבוב

mravenec

נמלה

včela

דבורה

pavouk

עכביש

brouk

חיפושית

žába

צפרדע

veverka

סנאי

ježek

קיפוד

zajíc

ארנב

sova

ינשוף

pták

ציפור

labuť

ברבור

divoké prase

חזיר בר

jelen

צבי

los

אייל הקורא

přehrada

סכר

větrné kolo

טורבינת רוח

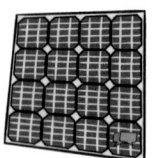

solární panel

פנל סולארי

podnebí

אקלים

restaurace
מסעדה

číšník
מלצר
jídelní lístek
תפריט
židle
כסא
polévka
מרק
pizza
פיצה
příbor
סכו"ם
ubrus
מפת שולחן

předkrm
מנת פתיחה

hlavní chod
מנה עיקרית

dezert
קינוח

nápoje
שתיות

jídlo
אוכל

láhev
בקבוק

rychlé občerstvení

מזון מהיר

pouliční občerstvení

אוכל רחוב

čajová konvice

קנקן תה

cukřenka

מסכרת

porce

מנה

kávovar na espresso

מכונת אספרסו

dětská stolička

כסא תינוק

faktura

חשבון

tác

מגש

nůž

סכין

vidlička

מזלג

lžíce

כף

čajová lyžička

כפית

ubrousek

מפית

sklenička

כוס

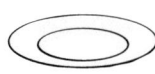

talíř

צלחת

talíř na polévku

קערת מרק

podšálek

תחתית

omáčka

רוטב

slánka

מלחייה

mlýnek na pepř

מטחנת פלפל

ocet

חומץ

olej

שמן

koření

תבלינים

kečup

קטשופ

hořčice

חרדל

majonéza

מיונז

supermarket

סופרמרקט

nabídka
מבצע
FOR
zákazník
לקוח
mléčné výrobky
מוצרי חלב
ovoce
פירות
nákupní vozík
עגלת קניות

masna

אטליז

pekařství

מאפייה

vážit

שקל

zelenina

ירקות

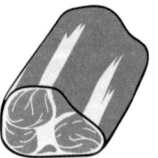

maso

בשר

mražené potraviny

מזון קפוא

obložený talíř

בשר קר

konzervy

שימורים

prací prášek

אבקת כביסה

cukrovinky

ממתקים

výrobky pro domácnost

מוצרי בית

čisticí prostředek

חומר ניקוי

prodavačka

מוכרת

pokladna

קופה

pokladní

קופאי

nákupní seznam

רשימת קניות

otevírací doba

שעות פתיחה

peněženka

ארנק

kreditní karta

כרטיס אשראי

taška

תיק

igelitová taška

שקית נילון

nápoje

שתיות

voda

מים

džus

מיץ

mléko

חלב

kola

קולה

víno

יין

pivo

בירה

alkohol

אלכוהול

kakao

קקאו

čaj

תה

káva

קפה

espresso

אספרסו

kapučíno

קפוצ'ינו

jídlo
אוכל

banán

בננה

jablko

תפוח

pomeranč

תפוז

meloun

אבטיח

citrón

לימון

mrkev

גזר

česnek

שום

bambus

במבוק

cibule

בצל

houba

פטריות

ořechy

אגוזים

těstoviny

אטריות

špageti

ספגטי

rýže

אורז

salát

סלט

hranolky

צ'יפס

americké brambory

צ'יפס

pizza

פיצה

hamburger

המבורגר

sendvič

כריך

řízek

שניצל

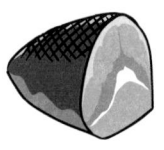

šunka

שינקין

salám

סלאמי

salám

נקניקיה

kuře

עוף

pečeně

טיגון

ryby

דג

ovesné vločky

שיבולת שועל

müsli

מוזלי

vločky

קורנפלקס

mouka

קמח

croissant

קרואסון

houska

לחמנייה

chléb

לחם

toast

טוסט

sušenky

עוגיות

máslo

חמאה

tvaroh

גבינה לבנה

buchta

עוגה

vejce

ביצה

volské oko

ביצת עין

sýr

גבינה

zmrzlina

גלידה

cukr

סוכר

med

דבש

marmeláda

ריבה

nugátový krém

ממרח נוגט

kari

קארי

usedlost

חווה

stodola
אסם
balík slámy
חבילת שחת
pole
שדה
kůň
סוס
přívěs
עגלת נגרר
traktor
טרקטור
hříbě
סייח
osel
חמור
ovce
כבש
jehně
טלה

koza

עז

kráva

פרה

tele

עגל

prase

חזיר

sele

חזרזיר

býk

שור

husa

אווז

kachna

ברווז

kuře

אפרוח

slepice

תרנגולת

kohout

תרנגול

krysa

חולדה

kočka

חתול

myš

עכבר

vůl

שור

pes

כלב

psí bouda

מלונה

zahradní hadice

צינור השקיה

kropicí konev

קנקן מים

kosa

חרמש

pluh

מחרשה

srp

מגל

motyka

מגרפה

vidle

קלשון

sekera

גרזן

kolecko

מריצה

koryto

שוקת

konev na mléko

כד חלב

pytel

שק

plot

גדר

stáj

אורווה

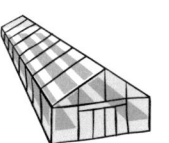

skleník

חממה

půda

אדמה

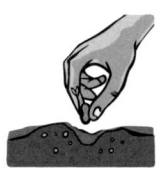

osivo

זרע

hnojivo

דשן

kombajn

מקצרה

sklidit

קצר

sklizeň

קציר

smldinec

בטטה אפריקנית

pšenice

חיטה

sója

סויה

brambora

תפוח אדמה

kukuřice

תירס

řepka

קנולה

ovocný strom

עץ פירות

maniok

קסבה

obilí

דגנים

dům

בית

komín
ארובה
střecha
גג
okap
מרזב
okno
חלון
zvonek
פעמון
garáž
מוסך
dveře
דלת
popelnice
פח אשפה
dopisní schránka
תיבת מכתבים
zahrada
גינה

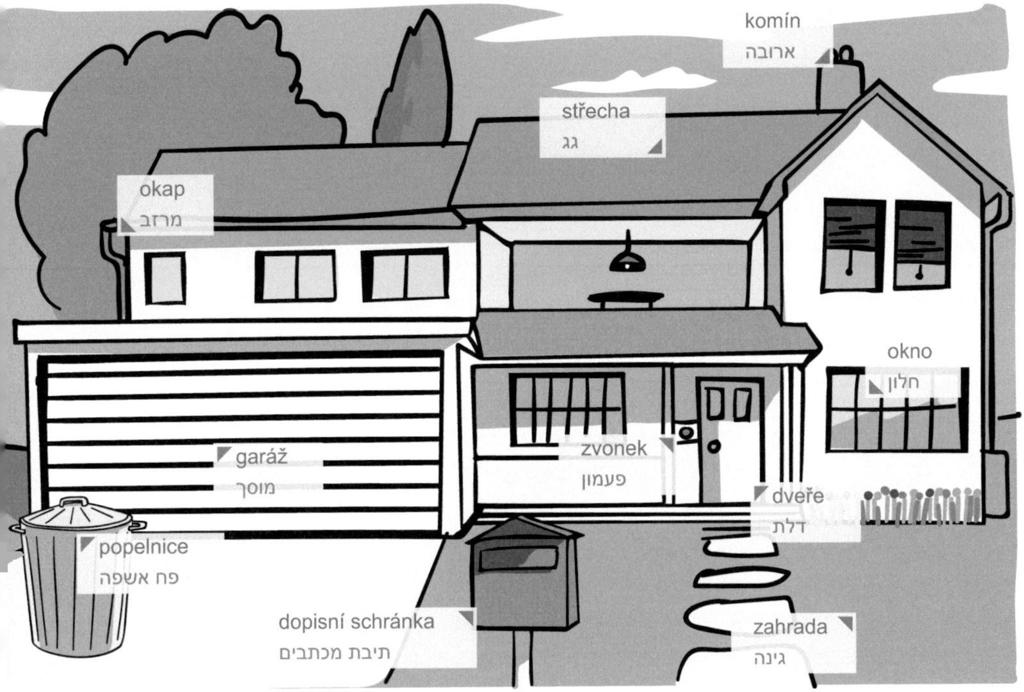

obývací pokoj

סלון

koupelna

חדר אמבטיה

kuchyně

מטבח

ložnice

חדר שינה

dětský pokoj

חדר ילדים

jídelna

חדר אוכל

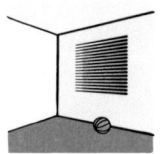

podlaha

רצפה

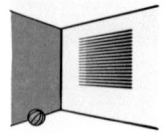

zeď

קיר

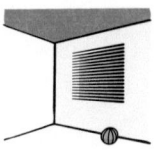

deka

תקרה

sklep

מרתף

sauna

סאונה

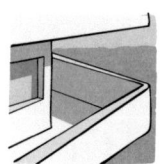

balkón

מרפסת

terasa

מרפסת

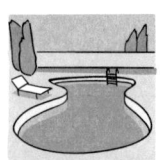

bazén

בריכה

sekačka na trávu

מכסחת דשא

ložní prádlo

סדין

lůžková přikrývka

כיסוי מיטה

postel

מיטה

smeták

מטאטא

kýbl

דלי

vypínač

מפסק

obývací pokoj
סלון

tapeta
טפט
obrázek
תמונה
žárovka
מנורה
police
מדף
skříň
ארון
televizor
טלוויזיה
komín
אח
květina
פרח
polštář
כרית
gauč
ספה
váza
אגרטל
dálkový ovladač
שלט רחוק

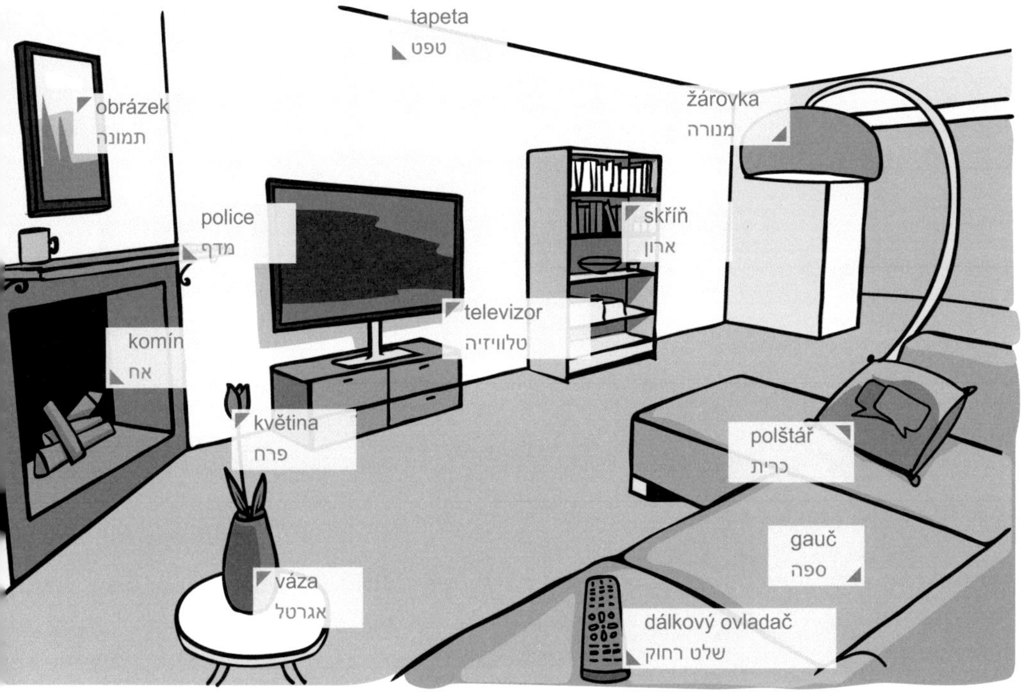

koberec
שטיח

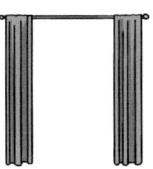

závěs
וילון

stůl
שולחן

židle
כסא

houpací křeslo
כיסא נדנדה

křeslo
כורסה

kniha

ספר

strop

שמיכה

ozdoba

דקורציה

palivové dříví

עצי הסקה

film

סרט

stereo souprava

מערכת סטריאו

klíč

מפתח

noviny

עיתון

malba

ציור

plakát

פוסטר

rádio

רדיו

poznámkový blok

מחברת

vysavač

שואב אבק

kaktus

קקטוס

svíce

נר

kuchyně
מטבח

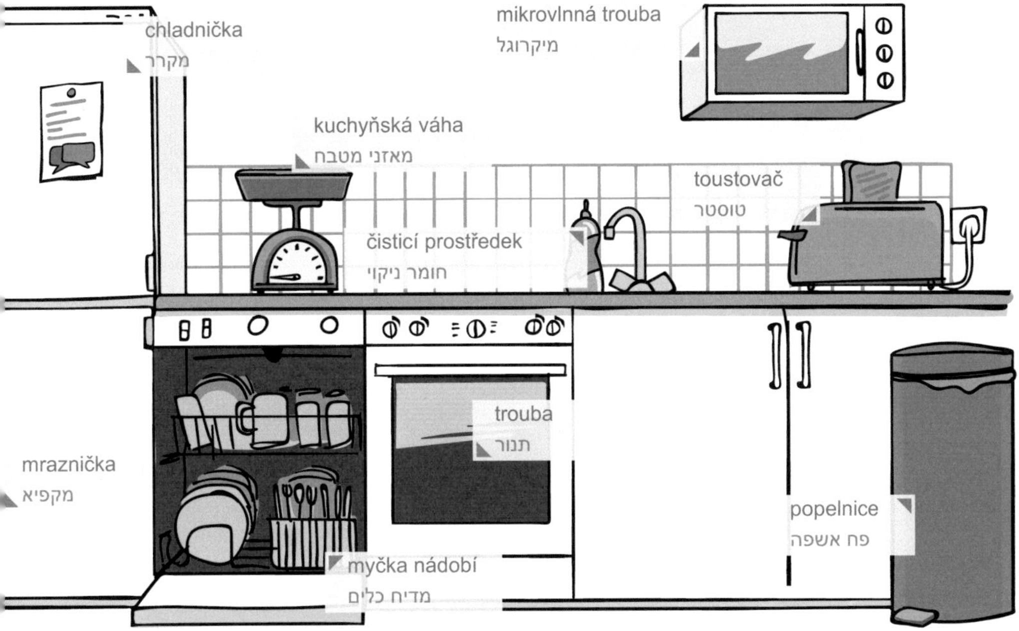

chladnička
מקרר
mikrovlnná trouba
מיקרוגל
kuchyňská váha
מאזני מטבח
toustovač
טוסטר
čisticí prostředek
חומר ניקוי
trouba
תנור
mraznička
מקפיא
popelnice
פח אשפה
myčka nádobí
מדיח כלים

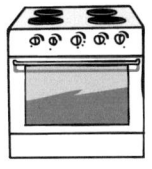

sporák

תנור

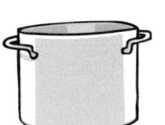

hrnec

סיר

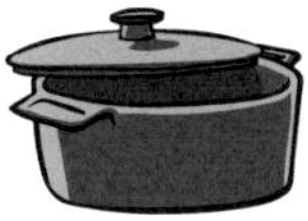

litinový hrnec

סיר ברזל

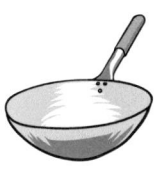

wok / kadai

ווק

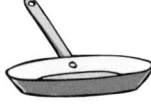

pánev

מחבת

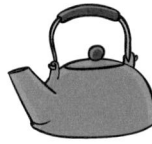

varná konvice

קומקום חשמלי

parní hrnec

מאדה

plech na pečení

מגש אפייה

nádobí

כלי אוכל

hrnek

ספל

miska

קערה

jídelní hůlky

צ'ופסטיקס

naběračka

מצקת

obracečka

מרית

metla

מטרפה

síto

מסננת בישול

cedník

מסננת

struhadlo

מגרדת

hmoždíř

מכתש

gril

גריל

ohniště

מדורה

prkénko na krájení

קרש חיתוך

váleček na těsto

מערוך

vývrtka

פותחן פקקים

dóza

פחית

otvírák na konzervy

פותחן קופסאות

chňapka

מטלית

umyvadlo

כיור

kartáč na nádobí

מברשת

houba

ספוג

mixér

בלנדר

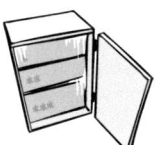

mrazák

מקפיא

dětská lahev

בקבוק לתינוק

kohoutek

ברז

koupelna
חדר אמבטיה

topení
חימום
ručník
מגבת
sprcha
מקלחת
sprchový závěs
וילון מקלחת
pěnová koupel
אמבטיית קצף
vana
אמבטיה
sklenička
כוס
pračka
מכונת כביסה
kohoutek
ברז
obkladačky
אריחים
nočník
סיר לילה
umyvadlo
כיור

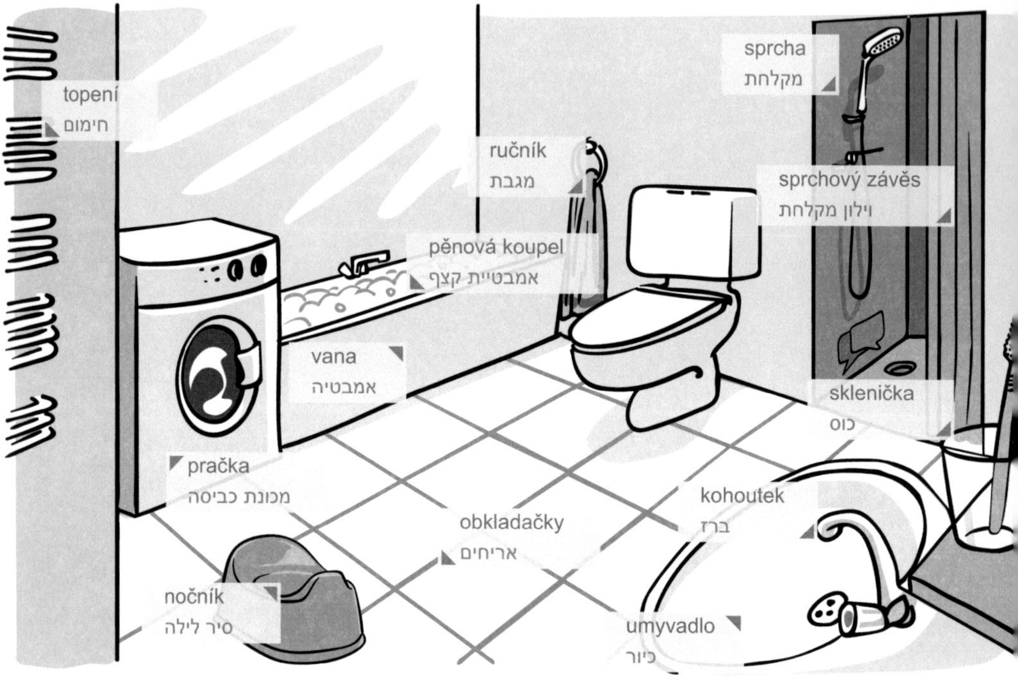

záchod

אסלה

turecký záchod

אסלת כריעה

bidet

בידה

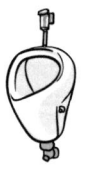

pisoár

משתנה

toaletní papír

נייר טואלט

záchodová štětka

מברשת אסלה

zubní kartáček

מברשת שיניים

zubní pasta

משחת שיניים

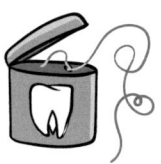

zubní niť

חוט דנטלי

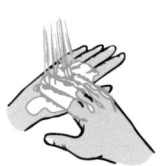

mýt

שטף

ruční sprcha

מקלחת יד

intimní sprcha

צינור שטיפה לשירותים

umyvadlo

קערת רחצה

kartáč na záda

מברשת גב

mýdlo

סבון

sprchový gel

ג'ל רחצה

šampón

שמפו

žínka

ליפה

odpad

ניקוז

krém

קרם

deodorant

דיאודורנט

zrcadlo

מראה

kosmetické zrcátko

מראת יד

holicí strojek

סכין גילוח

pěna na holení

קצף גילוח

voda po holení

אפטרשייב

hřeben

מסרק

kartáč

מברשת

fén

מייבש שיער

lak na vlasy

ספריי לשיער

makeup

איפור

rtěnka

שפתון

lak na nehty

לק

vata

צמר גפן

nůžky na nehty

מספריים לציפורניים

parfém

בושם

ška s toaletními potřebami

תיק כלי רחצה

stolička

שרפרף

váha

משקל

župan

חלוק רחצה

gumové rukavice

כפפות גומי

tampón

טמפון

dámská vložka

תחבושת סניטרית

chemická toaleta

שירותים כימיקליים

dětský pokoj
חדר ילדים

budík
שעון מעורר
plyšová hračka
צעצוע חיבוק
autíčko
מכונית צעצוע
chrastítko
רעשן
domeček pro panenky
בית בובות
dárek
מתנה

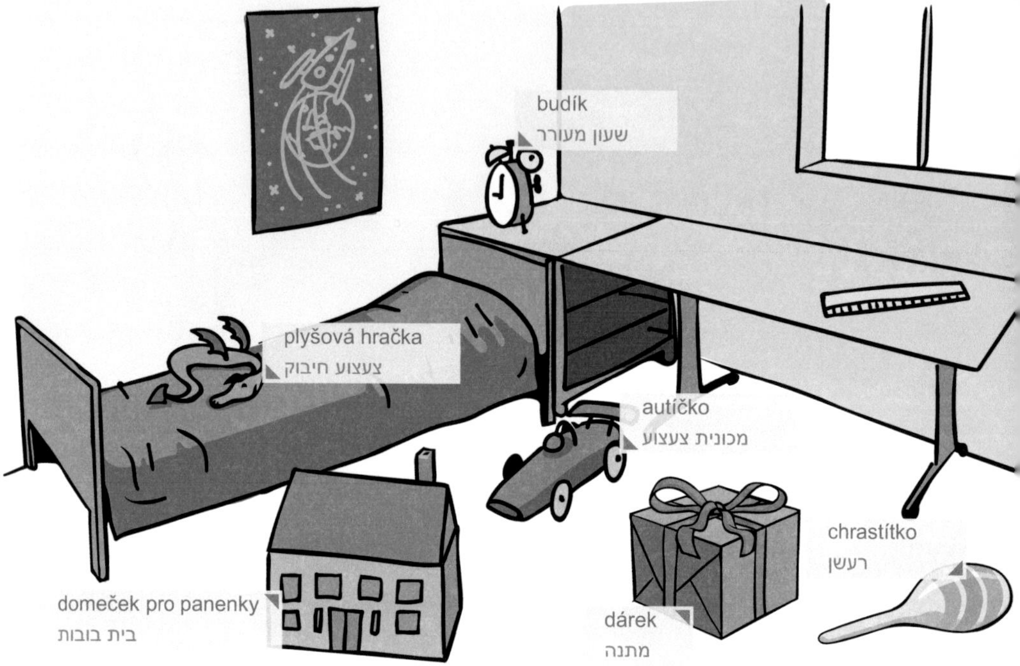

balón
בלון

postel
מיטה

kočárek
עגלה

balíček karet
משחק קלפים

puzzle
פאזל

komiks
קומיקס

lego kostky

לגו

stavebnice

קוביות משחק

akční figurka

דמות משחק

dupačky

סרבל תינוקות

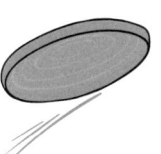

frisbee

פריזבי

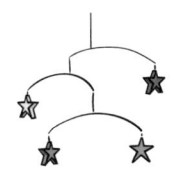

závěsné hračky nad postýlku

נייד

desková hra

משחק לוח

kostky

קוביה

modelová železnice

רכבת צעצוע

dudlík

מוצץ

oslava

מסיבה

obrázková kniha

אלבום תמונות

míč

כדור

panenka

בובה

hrát si

שיחק

pískoviště

ארגז חול

houpačka

נדנדה

hračky

צעצועים

hrací konzole

קונסולת משחקים

tříkolka

אופניים תלת גלגלי

medvídek

דובון

šatník

ארון בגדים

oblečení

בגדים

ponožky

גרביים

punčochy

גרביונים

punčochové kalhoty

גרביון

šála
צעיף

deštník
מטריה

tričko
חולצת טי

pásek
חגורה

kozačky
מגפיים

domácí obuv
נעלי בית

tenisky
נעלי ספורט

sandály

סנדלים

obuv

נעליים

holínky

מגפי גומי

spodní prádlo

תחתונים

podprsenka

חזייה

nátělník

וסט

body

גוף

kalhoty

מכנסיים

džíny

ג'ינס

sukně

חצאית

blůza

חולצה מכופתרת

košile

חולצה

svetr

אפודה

mikina

סווצ'ר עם קפוצ'ון

blejzr

בלייזר

bunda

ז'קט

kabát

מעיל

pláštěnka

מעיל גשם

kostým

תלבושת

šaty

שמלה

svatební šaty

שמלת כלה

oblek

חליפה

noční košile

כותונת לילה

pyžamo

פיג'מה

sárí

סארי

šátek na hlavu

מטפחת ראש

turban

טורבן

burka

בורקה

kaftan

קאפטן

abája

עבאיה

plavky

בגד ים

pánské plavky

בגד ים

kraťasy

מכנסיים קצרים

tepláková souprava

בגד אימון

zástěra

סינר

rukavice

כפפות

knoflík

כפתור

brýle

משקפיים

náramek

צמיד יד

náhrdelník

שרשרת

prsten

טבעת

náušnice

עגיל

čepice

כובע

ramínko

קולב

klobouk

כובע

kravata

עניבה

zip

רוכסן

helma

קסדה

kšandy

כתפיות

školní uniforma

תלבושת בית ספר

uniforma

מדים

bryndák

מפית אוכל

dudlík

מוצץ

plena

חיתול

kancelář

משרד

server
שרת
kartotéka
תיקייה
tiskárna
מדפסת
papír
נייר
monitor
מסך
psací stůl
שולחן עבודה
myš
עכבר
šanon
תיק
klávesnice
מקלדת
židle
כסא
odpadkový koš na papír
סל נייר
počítač
מחשב

hrnek na kávu

ספל קפה

kalkulačka

מחשבון

internet

אינטרנט

notebook

מחשב נייד

dopis

מכתב

zpráva

הודעה

mobil

נייד

síť

רשת

kopírka

מכונת צילום

software

תוכנה

telefon

טלפון

zásuvka

שקע

fax

פקס

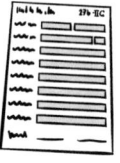

formulář

טופס

dokument

מסמך

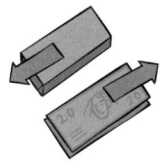

nakupovat

קנה

zaplatit

שילם

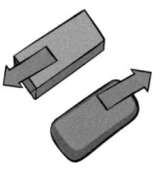

jednat

סחר

peníze

כסף

USD

dolar

דולר

EUR

euro

יורו

JPY

jen

ין

RUB

rubl

רובל

CHF

frank

פרנק שווייצרי

CNY

juan

יואן רנמינבי

INR

rupie

רופי

bankomat

כספומט

směnárna

המרת מטבע

zlato

זהב

stříbro

כסף

olej

נפט

energie

אנרגיה

cena

מחיר

smlouva

חוזה

daň

מס

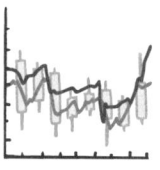

akcie

מנייה

pracovat

עבד

zaměstnanec

עובד

zaměstnavatel

מעסיק

továrna

מפעל

obchod

חנות

povolání

מקצועות

hasič
כבאי
policista
שוטר
kuchař
טבח
lékař
רופא
pilot
טייס

zahradník

גנן

truhlář

נגר

švadlena

תופרת

soudce

שופט

chemik

כימאי

herec

שחקן

řidič autobusu

נהג אוטובוס

řidič taxi

נהג מונית

rybář

דייג

uklízečka

עובדת נקיון

pokrývač

מתקן גגות

číšník

מלצר

myslivec

צייד

malíř

צייר

pekař

אופה

elektrikář

חשמלאי

stavební dělník

עובד בניין

inženýr

מהנדס

řezník

קצב

klempíř

אינסטלטור

listonoš

דוור

voják

חייל

architekt

אדריכל

pokladní

קופאי

florista

מוכר פרחים

kadeřník

ספר

průvodčí

כרטיסן

mechanik

מכונאי

kapitán

קברניט

zubař

רופא שיניים

vědec

מדען

rabín

רב

imám

אימאם

mnich

נזיר

duchovní

כומר

nářadí

כלי עבודה

kladivo
פטיש
kleště
צבת
šroubovák
מברג
klíč
מפתח ברגים
kapesní svítilna
פנס

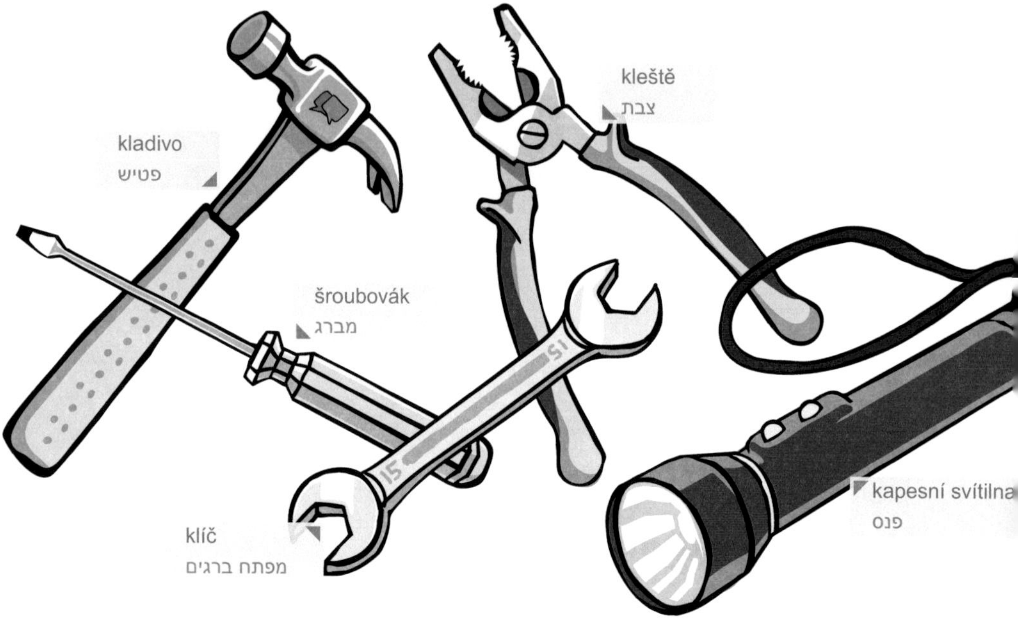

bagr

דחפור

skříň na nářadí

ארגז כלים

žebřík

סולם

pila

מסור

hřebíky

מסמרים

vrtačka

מקדחה

opravit

תיקן

lopata

את חפירה

Kurva!

לעזאזל!

lopatka

יעה

vědroé na barvu

פח צבע

šrouby

ברגים

hudební nástroje

כלי נגינה

reproduktor

רמקול

bicí

מערכת תופים

kytara

גיטרה

kontrabas

קונטראבס

trubka

חצוצרה

klavír

פסנתר

housle

כינור

basa

בס

tympán

תוף הדוד

bubny

תופים

keyboard

מקלדת פסנתר

saxofon

סקסופון

flétna

חליל

mikrofon

מיקרופון

zoo

גן חיות

vstup
כניסה
tygr
נמר
klec
כלוב
zebra
זברה
krmivo pro zvířata
מזון לחיות
panda
פנדה

zvířata

בעלי חיים

slon

פיל

klokan

קנגרו

nosorožec

קרנף

gorila

גורילה

medvěd

דוב

velbloud

גמל

pštros

יען

lev

אריה

opice

קוף

plameňák

פלמינגו

papoušek

תוכי

lední medvěd

דוב הקרח

tučňák

פינגווין

žralok

כריש

páv

טווס

had

נחש

krokodýl

תנין

ošetřovatel zvířat

שומר גן החיות

tuleň

כלב ים

jaguár

יגואר

poník

סוס פוני

leopard

לאופרד

hroch

היפופוטאם

žirafa

ג'ירפה

orel

נשר

divoké prase

חזיר בר

ryby

דג

želva

צב

mrož

סוס ים

liška

שועל

gazela

איילה

sport
ספורט

americký fotbal
פוטבול אמריקאי
cyklistika
רכיבת אופניים
tenis
טניס
košíková
כדורסל
plavání
שחיה
box
אגרוף
lední hokej
הוקי

kopaná

כדורגל

badminton

בדמינטון

lehká atletika

אתלטיקה

házená

כדור-יד

běh na lyžích

עשה סקי

vodní pólo

פולו

aktivity
פעילויות

skočit
קפץ
objímat
חיבק
smát se
צחק
jít
הלך
zpívat
שר
snít
חלם
modlit se
התפלל
políbit
נשק

psát

כתב

kreslit

צייר

ukazovat

הראה

tlačit

דחף

dát

נתן

vzít si

לקח

mít

יש / להיות הבעלים

dělat

עשה

být

היה

stát

עמד

běhat

רץ

táhnout

משך

hodit

זרק

padat

נפל

ležet

שכב

čekat

חיכה

nosit

סחב

sedět

ישב

oblékat

התלבש

spát

ישן

vzbudit se

התעורר

prohlédnout si

הסתכל ב-

plakat

בכה

pohladit

ליטף

česat

סירק

hovořit

דיבר

rozumět

הבין

ptát se

שאל

slyšet

שמע

pít

שתה

jíst

אכל

uklidit

סידר

milovat

אהב

vařit

בישל

jet

נהג

letět

עף

plachtit

שט

počítat

חישב

číst

קרא

učit se

למד

pracovat

עבד

vzít si

התחתן

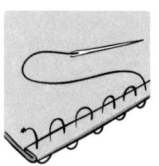

šít

תפר

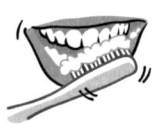

čistit si zuby

ציחצח שיניים

zabít

הרג

kouřit

עישן

poslat

שלח

rodina
משפחה

babička
סבתא
dědeček
סבא
otec
אבא
matka
אימא
dítě
תינוק
dcera
בת
syn
בן

host
אורח

teta
דודה

strýc
דוד

bratr
אח

sestra
אחות

tělo

גוף

čelo
מצח
oko
עין
rameno
כתף
prst
אצבע
obličej
פנים
brada
סנטר
ruka
כף יד
dolní končetina
רגל
hruď
חזה
paže
זרוע

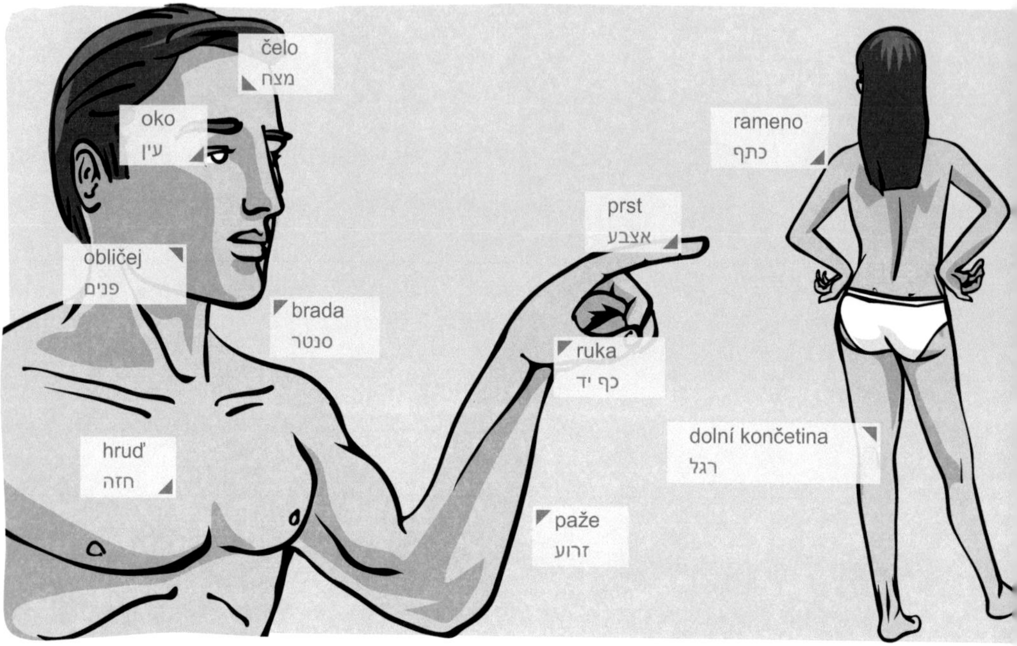

dítě

תינוק

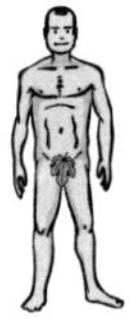

muž

איש

žena

אישה

dívka

ילדה

chlapec

ילד

hlava

ראש

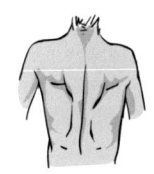

záda

גב

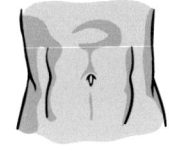

břicho

בטן

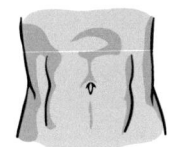

pupík

טבור

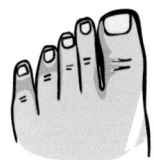

prst na noze

אצבע

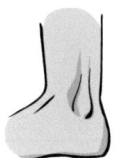

pata

עקב

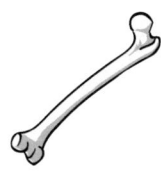

kost

עצם

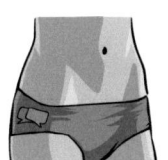

bok

ירך

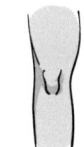

koleno

ברך

loket

מרפק

nos

אף

zadek

עכוז

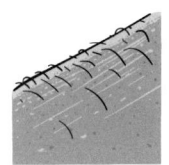

kůže

עור

tvář

לחי

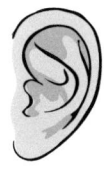

ucho

אוזן

ret

שפתיים

ústa

פה

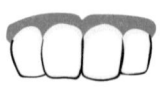

zub

שן

jazyk

לשון

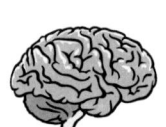

mozek

מוח

srdce

לב

sval

שריר

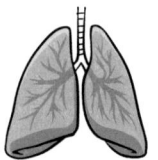

plíce

ריאה

játra

כבד

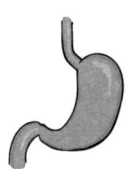

žaludek

קיבה

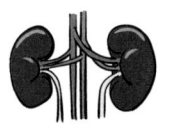

ledviny

כליות

pohlavní styk

מין

kondom

קונדום

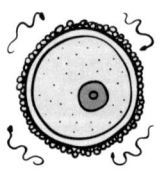

vajíčko

ביצית

sperma

זרע

těhotenství

הריון

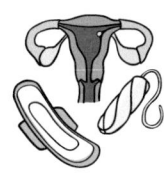

menstruace

ווסת

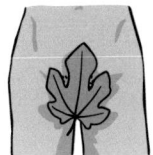

vagina

נרתיק

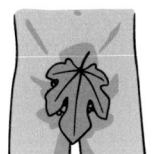

penis

פין

obočí

גבה

vlasy

שיער

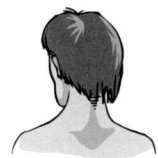

krk

צוואר

nemocnice
בית חולים

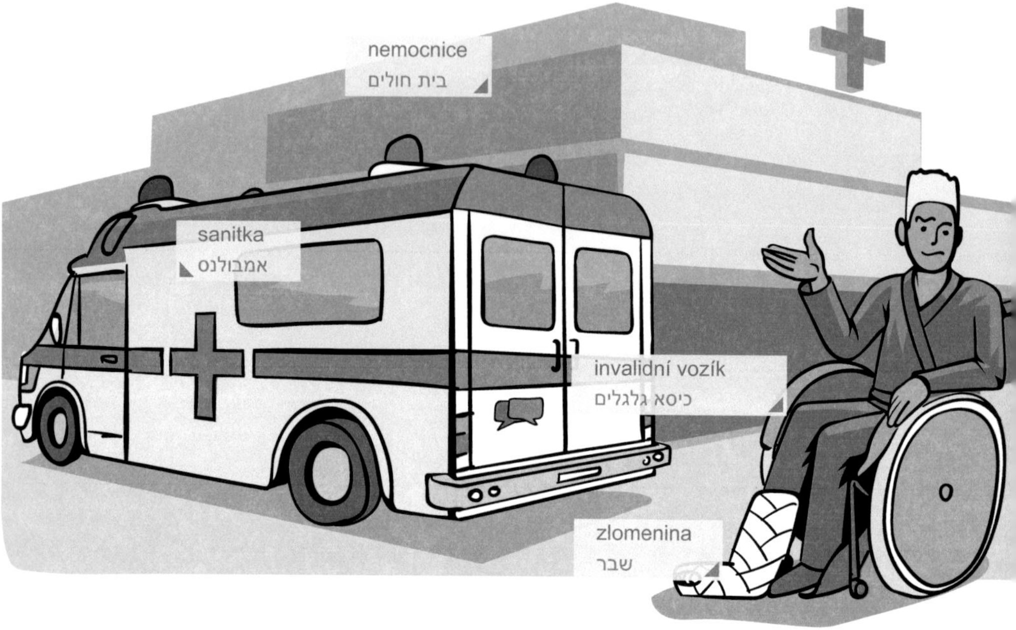

nemocnice
בית חולים
sanitka
אמבולנס
invalidní vozík
כיסא גלגלים
zlomenina
שבר

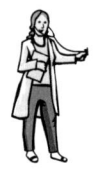

lékař

רופא

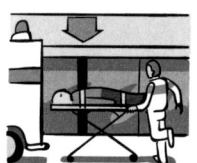

pohotovost

חדר מיון

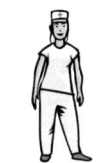

zdravotní sestra

אחות

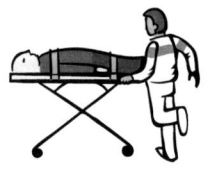

urgentní případ

חירום

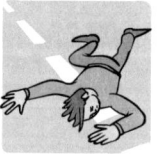

v bezvědomí

חסר הכרה

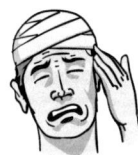

bolest

כאב

úraz

פציעה

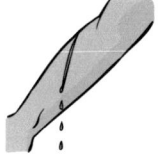

krvácení

דימום

infarkt myokardu

התקף לב

cévní mozková příhoda

שבץ

alergie

אלרגיה

kašel

שיעול

horečka

חום

chřipka

שפעת

průjem

שלשול

bolest hlavy

כאב ראש

rakovina

סרטן

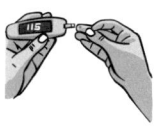

cukrovka

סוכרת

chirurg

מנתח

skalpel

אזמל

operace

ניתוח

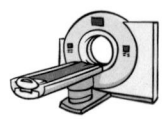

CT

סי-טי

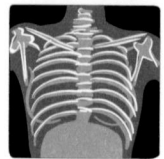

rentgen

רנטגן

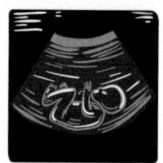

ultrazvuk

אולטרסאונד

maska

מסיכת פנים

nemoc

מחלה

čekárna

חדר המתנה

berle

קבה

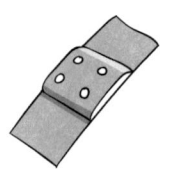

náplast

פלסטר

obvaz

תחבושת

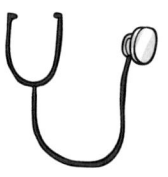

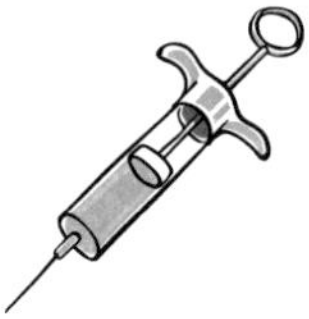

injekce

זריקה

stetoskop

סטטוסקופ

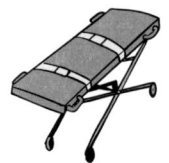

nosítka

אלונקה

teploměr

מד חום

porod

לידה

nadváha

עודף משקל

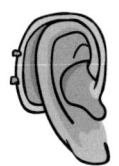

naslouchátko

מכשיר שמיעה

dezinfekční prostředek

מחטא

infekce

זיהום

virus

נגיף

HIV / AIDS

איידס

lékařství

תרופה

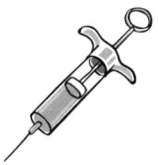

očkování

חיסון

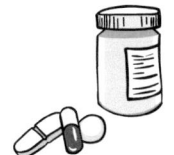

tablety

טבליות

pilulka

גלולה

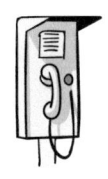

tísňové volání

קריאת חירום

tonometr

מד לחץ דם

nemocný / zdravý

חולה / בריא

urgentní případ
חירום

Pomoc!

הצילו!

poplach

אזעקה

přepadení

פשיטה

napadení

תקיפה

nebezpečí

סכנה

nouzový východ

יציאת חירום

Hoří!

אש!

hasicí přístroj

מטף כיבוי

nehoda

תאונה

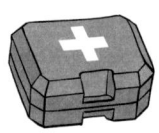

zdravotnická brašna

ערכת עזרה ראשונה

SOS

הצילו!

policie

משטרה

země
כדור הארץ

Evropa
אירופה

Severní Amerika
צפון אמריקה

Jižní Amerika
דרום אמריקה

Afrika
אפריקה

Asie
אסיה

Austrálie
אוסטרליה

Atlantik
האוקיינוס האטלנטי

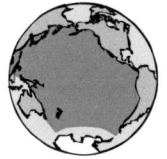

Pacifik
האוקיינוס השקט

Indický oceán
האוקיינוס ההודי

Jižní ledový oceán
האוקיינוס האנטרקטי

Severní ledový oceán
האוקיינוס הארקטי

severní pól
הקוטב הצפוני

jižní pól

הקוטב הדרומי

Antarktida

אנטארקטיקה

země

כדור הארץ

pevnina

אדמה

moře

ים

ostrov

אי

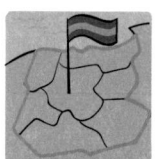

národ

לאום

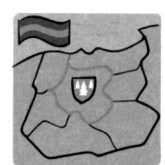

stát

מדינה

hodiny
שעון

ciferník
....
פני השעון

hodinová ručička
....
מחוג השעות

minutová ručička
....
מחוג הדקות

vteřinová ručička
....
מחוג השניות

Kolik je hodin?
....
מה השעה?

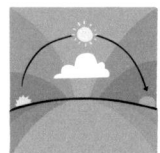

den
....
יום

čas
....
זמן

teď
....
עכשיו

digitální hodinky
....
שעון דיגיטלי

minuta
....
דקה

hodina
....
שעה

týden

שבוע

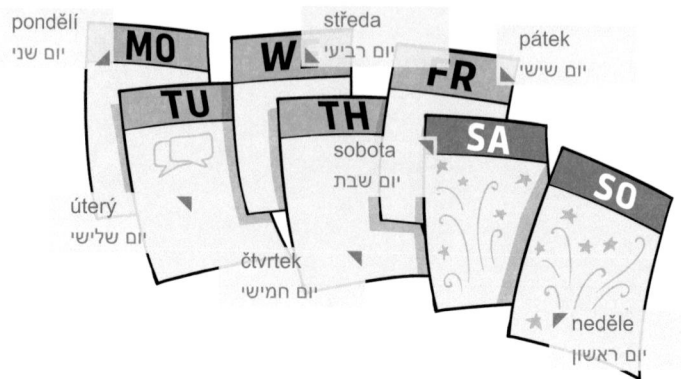

pondělí — יום שני
úterý — יום שלישי
středa — יום רביעי
čtvrtek — יום חמישי
pátek — יום שישי
sobota — יום שבת
neděle — יום ראשון

včera

אתמול

dnes

היום

zítra

מחר

ráno

בוקר

poledne

צהריים

večer

ערב

MO	TU	WE	TH	FR	SA	SU
1	2	3	4	5	6	7
8	9	10	11	12	13	14
15	16	17	18	19	20	21
22	23	24	25	26	27	28
29	30	31	1	2	3	4

pracovní dny

ימי עבודה

MO	TU	WE	TH	FR	SA	SU
1	2	3	4	5	6	7
8	9	10	11	12	13	14
15	16	17	18	19	20	21
22	23	24	25	26	27	28
29	30	31	1	2	3	4

víkend

סוף שבוע

rok
שנה

déšť
גשם
duha
קשת בענן
vítr
רוח
sníh
שלג
jaro
אביב
léto
קיץ
podzim
סתיו
zima
חורף

4.APRIL 11°
5.APRIL 4°
6.APRIL 13°
7.APRIL 8°
8.APRIL 10°

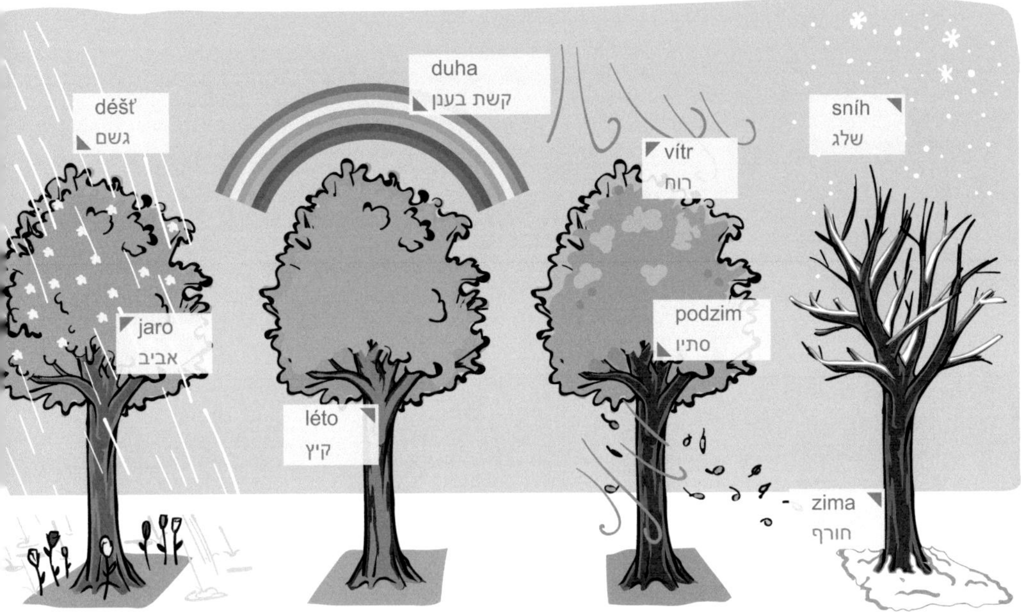

předpověď počasí

תחזית מזג האוויר

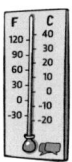

0
10
0
-10

teploměr

מד חום

sluneční svit

אור שמש

mrak

ענן

mlha

ערפל

vlhkost

לחות

blesk

ברק

hrom

רעם

bouřka

סערה

kroupy

ברד

monzun

רוח עונתי

povodeň

שיטפון

led

קרח

leden

ינואר

únor

פברואר

březen

מרץ

duben

אפריל

květen

מאי

červen

יוני

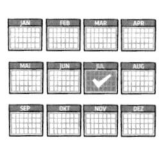

červenec

יולי

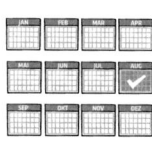

srpen

אוגוסט

září

ספטמבר

říjen

אוקטובר

listopad

נובמבר

prosinec

דצמבר

tvary

צורות

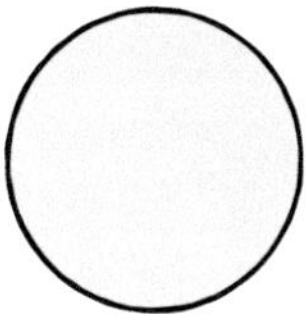

kruh

עיגול

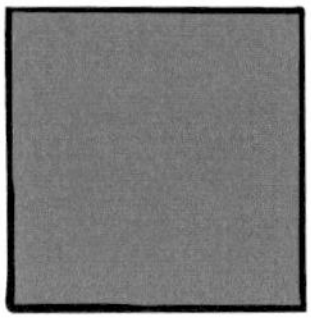

čtverec

מרובע

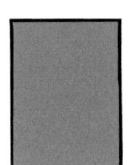

obdélník

מלבן

trojúhelník

משולש

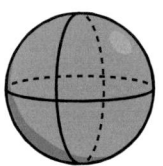

koule

כדור

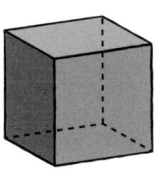

krychle

קובייה

barvy

צבעים

bílá

לבן

žlutá

צהוב

oranžová

כתום

růžová

ורוד

červená

אדום

fialová

סגול

modrá

כחול

zelená

ירוק

hnědá

חום

šedá

אפור

černá

שחור

protiklady
הפכים

hodně / málo
....
הרבה / מעט

rozzuřený / mírumilovný
....
כועס / רגוע

krásný / ošklivý
....
יפה / מכוער

začátek / konec
....
התחלה / סוף

velký / malý
....
גדול / קטן

světlý / tmavý
....
בהיר / כהה

bratr / sestra
....
אח / אחות

čistý / špinavý
....
נקי / מלוכלך

úplný / neúplný
....
שלם / חלקי

den / noc
....
יום /לילה

mrtvý / živý
....
מת / חי

široký / úzký
....
רחב / צר

jedlý / nejedlý

אכיל / לא אכיל

zlý / hodný

רשע / טוב לב

vzrušený / znuděný

מתרגש / משועמם

tlustý / hubený

שמן / רזה

nejdříve / naposledy

ראשון / אחרון

přítel / nepřítel

חבר / אויב

plný / prázdný

מלא / ריק

tvrdý / měkký

קשה / רך

těžký / lehký

כבד / קל

hlad / žízeň

רעב / צמא

nemocný / zdravý

חולה / בריא

ilegální / legální

בלתי-חוקי / חוקי

inteligentní / hloupý

נבון / טיפש

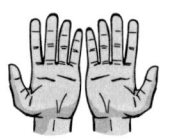

vlevo / vpravo

שמאל / ימין

blízko / daleko

קרוב / רחוק

nový / použitý

חדש / משומש

nic / něco

כלום / משהו

starý / mladý

זקן / צעיר

zapnutý / vypnutý

פעיל / כבוי

otevřeno / zavřeno

פתוח / סגור

tichý / hlasitý

שקט / רועש

bohatý / chudý

עשיר / עני

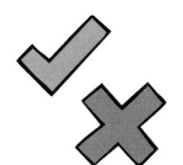

správný / špatný

נכון / שגוי

drsný / hladký

מחוספס / חלק

smutný / šťastný

עצוב / שמח

krátký / dlouhý

קצר / ארוך

pomalý / rychlý

איטי / מהיר

vlhký / suchý

רטוב / יבש

teplý / chladný

חם / קר

válka / mír

מלחמה / שלום

čísla

מספרים

0	1	2
nula	jedna	dva
אפס	אחת	שתיים
3	4	5
tři	čtyři	pět
שלוש	ארבע	חמש
6	7	8
šest	sedm	osm
שש	שבע	שמונה
9	10	11
devět	deset	jedenáct
תשע	עשר	אחת-עשרה

12

dvanáct

שתים-עשרה

13

třináct

שלוש-עשרה

14

čtrnáct

ארבע-עשרה

15

patnáct

חמש-עשרה

16

šestnáct

שש-עשרה

17

sedmnáct

שבע-עשרה

18

osmnáct

שמונה-עשרה

19

devatenáct

תשע-עשרה

20

dvacet

עשרים

100

sto

מאה

1.000

tisíc

אלף

1.000.000

milion

מיליון

jazyky
שפות

angličtina

אנגלית

americká angličtina

אנגלית אמריקאית

standardní čínština

סינית מנדרינית

hindština

הודית

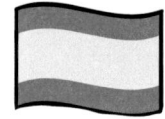

španělština

ספרדית

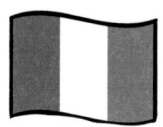

francouzština

צרפתית

arabština

ערבית

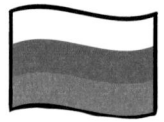

ruština

רוסית

portugalština

פורטוגזית

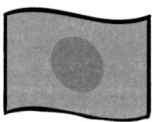

bengálština

בנגלית

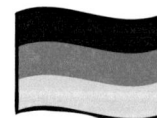

němčina

גרמנית

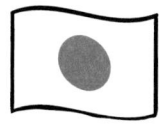

japonština

יפנית

Kdo / co / jak

מי / מה / איך

já

אני

ty

אתה / את

on / ona / ono

הוא / היא / זה

my

אנחנו

vy

אתם

oni

הם

Kdo?

מי?

Co?

מה?

Jak?

איך?

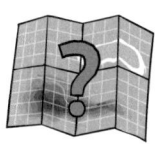

Kde?

איפה?

Kdy?

מתי?

jméno

שם

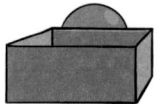

kde

איפה

za

מאחור

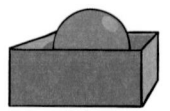

do

בתוך

z

לפני

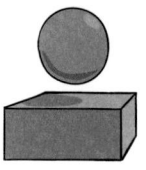

nad

מעל

na

על

mezi

מתחת

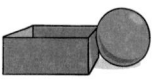

vedle

ליד

mezi

בין

místo

מקום